Couvertures supérieure et inférieure manquantes

MÉMOIRE

POUR SERVIR A L'HISTOIRE

DU VILLAGE

ET DE L'ANCIENNE SEIGNEURIE

DE MEDAN

PRÈS POISSY

PARIS

J. TECHENER, ÉDITEUR

PLACE DE LA COLONNADE DU LOUVRE, N° 20

1849.

Extrait du *Bulletin du Bibliophile*, pour 1849, n°¹ 1 et 2.

DE L'IMPRIMERIE DE CRAPELET, RUE DE VAUGIRARD, 9.

MÉMOIRE

POUR SERVIR A L'HISTOIRE DU VILLAGE
ET DE L'ANCIENNE SEIGNEURIE

DE MEDAN,

PRÈS POISSY.

Quand on suit le chemin de fer de Paris à Rouen, on remarque à une lieue et demie environ de Poissy, entre Villaines et Triel, une terrasse fort élevée, garnie d'une balustrade de pierre à jour, au-dessus de laquelle s'élève un petit château moderne accompagné de pavillons d'une forme élégante. On arrive presque aussitôt devant deux tours ou clochers terminés en dôme. L'ensemble de ces édifices placés au milieu d'un pays pittoresque, compose un des points de vue les plus remarquables que traverse le chemin de Rouen.

C'est là qu'est situé le village de Medan, peu important sans doute par sa population, qui s'élevoit seulement à 199 âmes en 1842, mais entouré de terres fertiles et bien cultivées. L'existence de ce village remonte à une haute antiquité, puisqu'on le trouve mentionné sous le nom de *Magedon* dans le polyptyque d'Irminon, abbé de Saint-Germain des Prés vers l'an 800, mort vers 826.

Que *Magedon* soit bien Medan et non Meudon, c'est ce qui résulte de la position qui lui est assignée dans le Pincerais ou pays de Poissy (1), et du fait du patronage de l'église conservé depuis tant de siècles à Saint-Germain ; cette opinion est exposée avec développemens dans l'histoire du diocèse de Paris de l'abbé Lebeuf (2), mais surtout dans le beau travail de

---

(1) Le texte dit encore *in comitatu Witranni*. M. Guérard pense (I, 841 que ce Witran pouvoit être comte de Chartres.
(2) T. VIII, p. 265, art. *Meudon*.

M. Guérard sur le polyptyque d'Irminon (1). S'il étoit permis d'ajouter quelque chose aux raisonnemens de ces savans écrivains, peut-être pourroit-on remarquer, sans y attacher autrement d'importance, que le mot Magedon semble être composé de deux mots celtiques, *Mag* et *dun*, qui signifient le premier *plaine* (2), le second *montagne*, ce qui convient assez à la position de Medan, placé à la moitié d'une côte escarpée dont le sommet est un vaste plateau.

D'après le passage du polyptyque relatif à *Magedon* (3), l'abbaye de Saint-Germain des Prés possédoit, au IXe siècle, la *villa* ou village de Medan, contenant un manse ou manoir domanial (habité sans doute par un de ses officiers) (4), et vingt-quatre hospices ou petites maisons, où demeuroient probablement autant de ménages. L'église (domaniale), un moulin, des cultures, des prés, des vignes et d'autres dépendances complétoient le domaine de la riche abbaye. En supposant qu'il n'y eût alors à Medan que les hôtes de Saint-Germain, on pourroit évaluer la population de Medan à cette époque reculée à vingt-cinq feux. Comme un *hospice* (5) étoit souvent habité par un homme seul ou par deux individus sans enfans, ainsi qu'on peut le voir en parcourant le polyptyque d'Irminon, il ne faut peut-être pas compter trois âmes par feu, comme cela se fait habituellement, mais évaluer la population à cinquante ou soixante habitans. Si l'on adopte cette base, il en résultera que la population de Medan auroit été la même au IXe siècle

(1) T. I, p. 79.
(2) Junius, Étym. angl. v° *Maid*.
(3) T. II, p. 69.
Habet in comitatu Witranni, in Pinciacensi pago, villam quæ vocatur Magedon; et in ipsa villa habet 1 mansum indominicatum; et ad ipsum mansum pertinent XXIII *ospitia cum ecclesia indominicata, culturis, pratis, vineis, cum uno farinario et quicquid ad ipsum prædictum mansum pertinere videtur.*
(4) Voy. t. I, p. 579.
(5) Voy. ce qui en est dit en général, t. I, p. 900.

qu'au xiiie. On lit en effet dans un pouillé du diocèse de Chartres du xiiie siècle (1) que la population de Medan étoit alors de soixante paroissiens. L'église avoit encore Saint-Germain pour patron, mais l'abbé de Saint-Germain des Prés n'en avoit plus la propriété; l'abbé de Neaufle l'Évieux nommoit à la cure de Medan (2).

Je n'ai rien trouvé sur l'époque à laquelle l'abbaye de Saint-Germain cessa de posséder Medan. Il n'est question de ce lieu ni dans la bulle du pape Alexandre III, confirmant en 1177 les possessions de cette abbaye (3) ni dans l'acte par lequel Regnauld, évêque de Chartres, reconnut en 1210 que certaines églises de son diocèse étoient à la donation de l'abbé de Saint-Germain (4). Il est donc à peu près certain que Medan n'appartenoit plus, dès lors, à Saint-Germain des Prés, soit que l'abbaye l'eût aliéné, soit qu'elle en eût été dépouillée, peut-être comme elle le fut de Combs la Ville, par Hugues le Grand, père de Hugues Capet au xe siècle. Un seigneur laïque devenu ultérieurement propriétaire de cette église, aura pu la donner à l'abbaye de Neaufle l'Évieux. Malgré ce changement, l'église de Medan resta toujours sous le patronage de Saint-Germain.

Je n'ai rencontré le nom de Medan qu'une seule fois, non plus, dans le cours du xive siècle; c'est dans le compte de Jehan le Mire, *receveur des impositions de douze deniers pour livre de toutes marchandises vendues et du treizième des vins vendus en gros dans la vicomté de Paris* (5). On y voit que la ferme de ces

---

(1) J'ai quelques raisons de croire ce pouillé du xive siècle. Il contient du moins des choses qui n'ont existé qu'au xive siècle et qui ont pu, il est vrai, être ajoutées au pouillé original.

(2) Pouillé du diocèse de Chartres, donné par M. Le Prevost en tête du cartulaire de S. Père de Chartres.

(3) Dom Bouillart, Preuves LXII.

(4) Archives L. 82², f° 54. — Dammartin, Lognes, Neauflette, Montchauvet et Septeuil.

(5) Ce compte doit être publié dans les Mélanges de la Société des Bibliophiles français, pour 1849.

impôts à Medan pour une année commençant au 18 octobre 1369, fut adjugée à Regnaut Luillier pour neuf livres, qui, en tenant compte du changement de poids des monnoies, et de l'avilissement des métaux, peuvent représenter environ trois cent cinquante francs d'aujourd'hui.

Au siècle suivant les documens relatifs à Medan deviennent plus nombreux. Henry Perdrier, changeur et bourgeois de Paris, fils de Guillaume Perdrier (1), aussi changeur et bourgeois de Paris, mort le 4 octobre 1475 et de Marguerite Roussel, morte le 19 octobre 1498, devint seigneur de Medan à la fin de ce siècle, soit par acquisition, soit par succession de son père qui est dit, mais sans preuves à l'appui, avoir été aussi seigneur de Medan, dans une généalogie (2) manuscrite de cette famille déposée au cabinet généalogique de la Bibliothèque.

Dans les guerres incessantes qui suivirent l'entrée des Bourguignons à Paris, en 1418, les environs de Paris furent fréquemment ravagés par les armées belligérantes. On peut voir dans le *Journal d'un bourgeois de Paris*, le récit de plusieurs siéges et combats qui eurent lieu entre Paris et Mantes. Cet état

---

(1) Il peut avoir eu pour frère Henry Perdrier, clerc civil du Châtelet, du 17 juillet 1465 au 6 novembre 1475. (Sauval, III, 386 et 427.)

(2) Cette même généalogie fait descendre ces Perdrier d'une autre famille du même nom, [dont étoient Jean Perdrier ou Perdriel, maître de la chambre aux deniers de la reine Isabeau, sire Guillaume Perdrier, trésorier de France à la fin du xive siècle, etc. Mais outre que la filiation n'est nullement établie, il faut encore remarquer 1° qu'il seroit peu probable que le fils d'un trésorier de France eût été simple changeur et bourgeois de Paris ; 2° que les armoiries de ces anciens Perdrier étoient un chevron accompagné de trois perdrix (Guillaume Perdrier brisoit par la substitution d'une étoile à la perdrix de la pointe de l'écu), tandis que celles d'Henry Perdrier étoient trois mains dextres apaumées d'or en champ d'azur. Or, si à des époques reculées, des cadets ont quitté complétement les armoiries de leur famille, soit en conservant seulement les couleurs et changeant les pièces, soit même pour prendre les armes de leurs femmes ou de leurs terres, il n'en étoit plus de même au xve siècle, et la différence d'armoiries est, dans le cas qui nous occupe, un argument très-puissant contre la parenté.

de choses eut pour résultat la ruine des villages qui ne pouvoient opposer de résistance sérieuse aux bandes armées répandues dans la campagne ; Medan paroît avoir particulièrement souffert de ces événemens ; car, s'il en faut croire l'inscription que je vais donner tout à l'heure, il y avoit en 1494, près de cent ans qu'on n'y avoit célébré la messe.

Henry Perdrier trouva l'église et le village de Medan en fort mauvais état. Il fit d'abord reconstruire l'église et peut-être même en changea-t-il l'emplacement. La tradition s'est, en effet, conservée à Medan qu'il a existé une église sur la hauteur qui domine la rue principale du village, un peu à gauche de l'église actuelle, pour l'observateur placé sur la hauteur en face des clochers et de la Seine. On a souvent découvert en cet endroit des cercueils de pierre, et aujourd'hui on en voit encore un déterré et abandonné en ce même lieu. S'il n'y a pas eu anciennement à Medan deux églises, une paroissiale et l'autre conventuelle, il est probable que l'église paroissiale a été autrefois située sur la hauteur. Elle a pu, à cause de cette position, être convertie en fort, comme beaucoup d'églises le furent au moins temporairement aux xive et xve siècles (1), ruinée par suite d'attaques, et rebâtie plus près de la Seine soit par Henry Perdrier, soit antérieurement. Il est toutefois établi par l'inscription que je vais citer, qu'Henry Perdrier fit au moins de grands travaux dans l'église de Medan, s'il ne la rebâtit pas entièrement. Il y fit placer les fonts baptismaux de l'église Saint-Pol de Paris, sans doute exilés de cette église par suite de réparations et de prétendus embellissemens. Grâce à sa libéralité on vit reparoître un curé, et le village se repeupla de nouveaux habitans. La mémoire de ses bienfaits fut consacrée, probablement par les soins de Jean Brinon son gendre, dans une inscription assez curieuse placée au-dessus des fonts baptismaux. Cette inscription a paru déjà dans le *Journal des Débats* il y a cinq ou

---

(1) Je puis citer comme exemple les églises de Vitry (Seine), de Ris et de Boissy-sous-Saint-Yon (Seine-et-Oise).

six ans, et dernièrement dans la Bibliothèque de l'École des Chartes (1); mais non avec toute la correction désirable. Je crois donc devoir la donner de nouveau ici.

  A ces fons furent une fois
  Baptisez pluseurs ducs et rois
  Princes contes barons prélatz
  Et autres gens de tous estatz.
  Et afin que ce on congnoisse
  Ilz servoient en la parroisse
  Royal de Saint Pol de Paris
  Où les rois se tenoient jadis.
  Entre autres y fut notablement
  Baptisé honnourablement
  Le sage roy Charles le Quint
  Et son fils qui après lui vint
  Charles le Large bie(n ai)mé
  VIme de ce nom cla(m)é.
  Or furent les dessu(s dis) fons
  Fait aporter je vous respons
  En ce lieu icy de Medan
  Par le s^r du lieu en l'an iiii^e
  Qu'on disoit iiii^{xx} xiiii.
  Son ame en paradis repoze
  Henry Perdrier fut son nom
  Dieu lui sache gré de ce don.
  Icelui seigneur commença
  Depuis ung pou de temps en ça
  A rédiffier ceste église
  Qui en (pov)re estat estoit mise
  Tellement que comme j'entends
  (Il y) avoit près de cent ans
  Qu'on n'y avoit messe chanté
  Tant estoit le lieu mal hanté.
  Or a-il si bien procuré
  Qu'il y a de présent curé

(1) 2e série, t. IVe, p. 149.

>Et grant foison parroissiens
>Dieu lui multiplie ses biens
>Et nous doint faire telz prières
>Pour Perdriers et Perdrieres
>Qu'en paradis où n'a soucy
>Puissent aler et nous aussi.

Au-dessous de cette inscription sont trois écussons dans lesquels on voit des restes d'incrustations de marbre. On trouve encore dans les deux derniers la trace d'une partition ; ce qui indique qu'ils renfermoient, selon toute apparence, les armoiries des femmes de Henry Perdrier. Une coquille est encore apparente au canton senestre du dernier écusson, et marque que cet écu étoit celui de Jacqueline Lhuillier, seconde femme de Henry Perdrier.

Le seigneur de Médan, changeur et bourgeois de Paris, paroît avoir été un des financiers importans de la fin du XVe siècle, et on s'explique alors qu'il ait pu faire les dépenses considérables qu'entraîna nécessairement la reconstruction de l'église et probablement celle du château, dont quelques fragmens conservés avec l'édifice actuel ont des rapports frappans avec l'architecture de l'église. Un petit dôme placé à l'entrée du parc rappelle tout à fait ceux des clochers dont les balustres sont absolument les mêmes que ceux de la terrasse et du balcon de la porte d'entrée du château.

On voit dans le compte de Jehan Lallemant, receveur général des finances de Normandie, pour l'année 1493 (1), que Henry Perdrier étant alors simple changeur et bourgeois de Paris, fut mandé en juin 1486 à Troyes où se trouvoit le roi Charles VIII, pour tenir le compte et faire le payement d'une partie des Suisses que le roi avoit fait venir pour l'expédition de Bretagne. Il apporta avec lui, par ordre des généraux des finances, la somme de 7 000 fr., assez considérable pour le temps, pour fournir au payement des Suisses, *lequel il falloit promptement*

---

(1) Gaignières, 772², f° 791.

faire, et reçut pour son voyage la somme de vingt-cinq francs. Mais il ne paroît pas s'être occupé longtemps de cette affaire, car il est dit dans le même compte qu'Arnould Ruzé en fut chargé après lui. En 1488, il étoit encore seulement changeur à Paris (1). En 1494, on le voit nommé avec la qualité de payeur des salpêtres (2). En 1496, il paya cent écus pour sa part de l'emprunt de trente mille écus, fait par Charles VIII sur la ville de Paris (3). Il prenoit en 1498 les titres d'écuyer (indicatif de noblesse), de procureur du roi et garde des sceaux de la chastellenie de Poissy (4).

Henry Perdrier avait épousé Étiennette Gaillart, issue d'une famille honorable de Blois (5). Elle étoit morte le 22 février 1492-3, ayant été mère de trois enfans : savoir : de deux fils nommés, l'un Michel, qui mourut à quinze mois en 1492, et l'autre Philippe, mort à quatre ans en 1493, et d'une fille, nommée Pernelle, qui survécut seule à ses parents, et qui devoit être fort jeune lorsqu'elle perdit sa mère, puisqu'elle étoit encore mineure et sous la tutelle de Mathurin Gaillart, élu de Blois en 1502. Henry Perdrier épousa en secondes noces Jacqueline Lhuillier, dont il auroit eu un fils nommé Pierre, suivant une généalogie manuscrite du Cabinet généalogique. Ce Pierre Per-

(1) Sauval, III, 483.
(2) Cab. généal.
(3) *Ibid.*
(4) *Ib.* Pièce relative à un laboureur de Chambourcy.
(5) Il y a, dans le registre 231 du Trésor des Chartes, une pièce (n° 176) très-curieuse qui malheureusement n'a pas été connue du père Ménestrier, à qui elle auroit pu fournir le sujet d'une dissertation intéressante. C'est l'acte par lequel Louis XII, étant à Blois en mars 1498-9 donna aux Michel Gaillart père et fils *l'ordre du camail, ordre ancien de ses progéniteurs et prédécesseurs ducs d'Orléans, avec faculté d'icelui porter et eux en décorer et jouir des honneurs dont jouissent les chevaliers dudit ordre*. Estiennette Gaillart n'est pas nommée dans la généalogie de cette famille, insérée t. III des *Mémoires de Castelnau*, p. 171. Cette famille fut ensuite alliée aux plus grandes familles de France. Michel Gaillart le fils épousa, en 1512, Souveraine d'Angoulême, sœur naturelle de François Ier.

drier auroit été la tige des Perdrier, seigneurs de Baubigny sur lesquels on peut voir quelques détails dans l'abbé Lebeuf, à l'article de Baubigny, mais on ne cite dans cette généalogie et je n'ai vu aucune pièce établissant la filiation de Pierre Perdrier.

Le seigneur de Medan, Henry Perdrier, mourut le 12 août 1499, suivant les mémoires déposés au Cabinet généalogique. Lorsqu'il mourut il étoit débiteur de huit mille livres tournois envers sa fille Pernelle, dont les tuteurs eurent à compter avec sa veuve (1). Le 13 juin 1502, ils reçurent à valoir une obligation de treize cent vingt et un écus d'or souscrite au profit de Henry Perdrier, par Antoine de Chabannes, comte de Dammartin, déduction faite de quatre cent onze francs cinq sous, qui avoient été payés à Jacqueline Lhuillier, veuve de Henry (2).

Pernelle Perdrier porta la seigneurie de Medan à Jean Brinon, dont la famille étoit alliée à celle de sa mère et dont le père Guillaume Brinon, conseiller au parlement en 1472 (3) et 1490 (4), étoit seigneur de Villaines, village voisin de Medan et relevant féodalement du comté de Dreux. Jean Brinon, conseiller au parlement en 1498 (5), devint premier président du parlement de Rouen. Il étoit mort avant le 11 mai 1528, que Pernelle Perdrier, sa veuve, fit hommage au roi du fief de Marcilly, de la haute justice de Medan et des Bruyères, leurs appartenances et dépendances mouvans du roi à cause de sa châtellenie de Poissy, et en outre d'Auteuil et de Boissy-sans-Avoir mouvans de Montfort l'Amaury (6).

---

(1) Il semble que si Pierre Perdrier eût été fils de Henry et de Jacqueline Lhuillier, il auroit été nommé dans cet acte comme héritier de l'actif et du passif de son père.

(2) Pièce originale au Cab. généalogique.

(3) Sauval, III, 407.

(4) Trés. des Chartes, reg. 221, pièce 256, déc. 1490, permission à G. Brinon, c^{er} au parlement, seig. de Villaines, de faire une garenne à lapins dans sa terre de Villaines, où il avoit plusieurs beaux droits.

(5) Sauval, III, 527.

(6) Arch. P. 111, cote 6020.

Elle avoit eu de Jean Brinon un fils unique nommé Jean, comme son père, qui fut reçu conseiller au parlement de Paris en 1544, et qui réunit en sa personne les seigneuries de Villaines et de Medan.

Jean Brinon, élève de Louis Chesneau, dit Querculus, principal du collége de Tours, professeur d'hébreu, avoit des goûts littéraires qui, se joignant chez lui à une générosité excessive, lui devinrent funestes. Le savant et malheureux Pierre Belon, auteur de tant d'ouvrages justement estimés, est un des hommes de lettres sur lesquels s'étendit la libéralité de Jean Brinon, et cela doit être remarqué comme une marque de son discernement. Belon, qui paroît avoir vu fréquemment le seigneur de Medan, a consacré dans son *Histoire de la nature des oyseaux* le souvenir d'une partie de campagne faite à Medan et à Villaines, chez Jean Brinon, en compagnie des plus célèbres poëtes du xvie siècle. Voici le passage de son livre relatif à cette réunion ; je le transcris comme titre d'illustration pour le seigneur et le village de Medan.

« (1) En l'an 1551.... au temps d'esté, plusieurs poëtes de
« nostre nation s'estants alliez ensemble en faveur de Monsieur
« J. Brinon conseiller du roy, près de Poyssi sur la rivière de
« Seine, l'accompagnèrent voir ses muses Medan et Villaines.
« Iceluy s'estant mis en devoir de les recevoir humainement,
« les festoya comme il appartenoit. Donc estants parvenus là
« eurent bonne issue en toutes choses, car errants plusieurs
« jours par les confins trouvèrent maints appareils récréatifs de
« diverses manieres de passe temps : comme à faire la chasse à
« plusieurs espèces d'animaux non encor mis en peinture qui
« apparoistront quelques fois. Ores cheminants par taillis, ten-
« dants aux oysillons, en prenoyent de moult rares : tantost se
« trouvants par les forests avoyent plaisir de voir beaucoup
« d'espèces d'arbres avec leurs fruicts : autresfois cueilloyent

(1) *Hist. de la nature des oyseaux*, 1555, in-f°, p. 222.

« diverses herbes sur les montaignes et entre les vallées. Et là
« trouvants infinis arguments nouveaux, y firent sonnets, odes
« et epigrammes grecs, latins et françoys en la louange de celuy
« qui les y avoit conduicts et de ses nymphes. Et ayant con-
« sacré les fontaines avec grandes cérémonies rapporterent
« toutes les reliques de leur enqueste. Dorat l'un de la compa-
« gnie, poëte eloquent, voyant que la limphe de Medan conver-
« tist ses larmes en pierre et voulant en perpétuer la mémoire
« imprima tels mots sur un tableau :

« IN VILLANIDEM FONTEM.

« Nympha prius Villanis eram : Pan arsit; amantem
« Dum fugio, absorptam terra rogata rapit.
« Stat superum pro Pane favor : de Naide lympha,
« De lympha fiunt viscera nostra lapis. »

« Mais encor pour plus magnifier la grandeur de ce miracle
« naturel en a escrit un opuscule intitulé *Villanis* qu'on peut
« voir avec ses œuvres. Or, pour parachever le reste de l'ex-
« ploit, estants vestus des livrées de leur conducteur, ayants
« fait voile pour passer oultre, arresterent peu qu'ils ne se
« trouvassent au rivage des isles et là se reposants sous l'umbre
« des ramées, voicy un halcyon branché sur leurs testes qui dé-
« gorgea son chant si haultain que le comte d'Alsinois leur inter-
« preta que ce leur fust augure fatal, se souvenants de Roger en
« Arioste qui obtint de la magicienne Alcine dès le premier soir
« qu'il arriva au chasteau ce que les amants souhaittent, etc. »

Cet augure n'étoit pas si juste à l'égard de Jean Brinon que
l'anagramme qu'il trouva lui-même de son nom, *Rien bon n'y
ha. Janus Brino, ruina bonis* (1). Estienne Tabourot, seigneur
des Accords qui nous a conservé ces anagrammes dans ses *bigarrures*, dit que Jean Brinon devint enfin si nécessiteux *pour
sa libéralité envers les personnes doctes, qu'il mourut tout juste,*

(1) Chap. des anagrammes, p. 97 de l'éd. de Paris, 1583, in-16.

mais avec une mémoire célèbre éternisée par d'Aurat, Ronsard et les premiers de son siècle; mais un autre écrivain du même temps qui n'avoit probablement pas eu part aux générosités de Jean Brinon, a attribué à sa ruine encore d'autres motifs.

> L'usurier serre tout d'une dextre taquine,
> En peu d'ans un Brinon s'est acquis sa ruine,
> Quant de cent mille escus son esprit despensier
> Aux femmes, masques, jeux ne sauve un seul denier.
> Tout extreme est donc vice et la vertu divise
> Les deux bords vitieux dans le meilleu assise.

C'est ainsi que s'exprime André de Rivaudeau, poëte poitevin, aujourd'hui d'autant moins connu qu'il n'existe, selon toute probabilité, qu'un seul exemplaire de ses œuvres (1). Remarquons toutefois, qu'il n'habitoit pas Paris, qu'il a pu être mal informé de la vie de Jean Brinon, et d'ailleurs, si nous profitons du conseil qu'il nous donne dans ses deux derniers vers, si nous cherchons la vérité entre les extrêmes, nous conclurons que Jean Brinon, très-libéral pour les savans, le fut aussi pour lui-même et pour la satisfaction de ses désirs.

Jean Brinon mourut en 1554, sans avoir été marié et sans avoir été reçu à une charge de maître des requêtes qu'il avoit obtenue (2). En lui s'éteignit la branche aînée des Brinon, qui portoit d'azur au chevron d'or et au chef dentelé de même. Il habitoit, à Paris, un hôtel faisant le coin des rues du Chaume et de Paradis et dont l'emplacement est aujourd'hui compris dans la grande cour des Archives. Il l'avoit acquis, moyennant huit mille cinq cents francs, de Guy, comte de Laval,

---

(1) A la bibliothèque de l'Arsenal. — Poitiers, 1566, in-4°. Épître à Albert Babinot, f° Z v°. J'avois d'abord pensé qu'il s'agissoit ici d'Yves Brinon, délateur de Coconas, homme ruiné, dénonciateur par nécessité et par métier, dont il est parlé dans De Thou (VII, 49) et dans les *Mémoires de Castelnau* (II, 364); mais les paroles de Rivaudeau ont dû plutôt s'appliquer à Jean Brinon mort quand il écrivoit qu'à Yves Brinon, vivant en 1574.

(2) Blanchard, p. 69.

le 19 novembre 1545. Il le donna (1), j'ignore pour quel motif (2), au célèbre cardinal de Lorraine, qui en fit don, à son tour, le 11 juin 1556, à François de Lorraine, duc de Guise, son frère.

Il est probable que Medan fut également donné au cardinal de Lorraine; il est au moins certain que ce prélat le posséda de 1554 à 1556. En effet, le 30 juin de cette dernière année, Jacques Bourdin, seigneur de Villaines (3), fit hommage au roi, entre les mains du garde des sceaux, de la terre et seigneurie, haute, basse et moyenne justice de Medan mouvant du roi, à cause de sa châtellenie de Poissy et déclara l'avoir acquise du cardinal de Lorraine par échange (4).

Jacques Bourdin, fils de Jacques Bourdin, notaire et secrétaire du roi et de Catherine Brinon, appartenoit à une famille influente. Son frère Gilles, avocat très-distingué, étoit devenu procureur général au parlement. Quant à lui, il devint, en 1549, secrétaire des finances, après avoir été attaché à Guillaume Bochetel, secrétaire d'État, dont il avoit épousé la fille. Il fut

---

(1) Sauval, III, 660. On ne conçoit donc pas que dans le cours de son livre il parle deux fois d'une *vente* faite en 1556 par Brinon au cardinal.

(2) Il me paroît évident que l'épitaphe suivante, donnée dans les *Bigarrures du seigneur des Accords*, s'applique à Jean Brinon, et dans ce cas elle contiendroit une accusation grave contre le cardinal de Lorraine. Je n'ai rien trouvé à ce sujet dans la *Légende* du cardinal, ouvrage dans lequel on a cependant dû réunir tout ce qui lui a été reproché. Voici le passage de Tabourot :

« L'on m'a donné ce suivant d'un bon compagnon digne toutefois de plus heureuse fortune, car il aimoit les lettres et chérissoit uniquement les lettrez :

  Janus profudit patris immensas opes
  In scorta, cœnas, aleam,
  Dux gratiosa quem spe inescans aulica
  Spoliavit ampliis prædiis.
  Superesse cernens jam nihil quo viveret
  Vixdum vir optavit mori, etc. (1583, p. 211.)

(3) La terre de Villaines lui advint-elle de la même manière ou l'eut-il comme représentant Catherine Brinon, sa mère, tante de Jean Brinon ?

(4) Archives P. III, cote 961.

chargé de dresser les instructions des envoyés du roi au concile de Trente, et on trouve une grande partie de ces dépêches dans le recueil publié sur ce concile par Dupuy, en 1654, in-4°. C'est encore lui qui, avec M. de Morvillier, évêque d'Orléans, négocia le traité, conclu à Troyes, le 9 avril 1564, qui enleva définitivement Calais à l'Angleterre, malgré les réserves de cette puissance. Il mourut le 6 juillet 1567, assisté par Claude d'Espence. On lit dans Moreri, qu'il demanda, par son testament, à être enterré sans pompe, et voulut que son corps fût porté dans la fosse publique de l'hôpital de la Trinité, rue Saint-Denis, précédé d'une lanterne seulement. Il seroit bien possible que ces dispositions bizarres, qui sont identiquement celles que prescrivit Guillaume Budé dans son testament, lui aient été attribuées sans fondement. Ses armes qui étoient (d'azur à) trois têtes de cerf (d'or) se voient aux voûtes de l'église de Medan.

Marie Bochetel, sa veuve, dont il avoit eu deux enfans, se remaria, en 1569, avec Jacques de Morogues, sieur de Lande, gouverneur de la Charité, gentilhomme du duc d'Alençon, et ensuite chambellan ordinaire de Henri IV, lequel étoit encore vivant en 1595. Tous deux embrassèrent la religion prétendue réformée, probablement par suite des liaisons du duc d'Alençon avec le parti protestant. Jean de Morvillier, évêque d'Orléans, oncle de Marie Bochetel, irrité de ce second mariage et de l'abjuration qui le suivit, déshérita sa nièce lui léguant pour tous droits de succession la somme de cent écus (1).

Les biens de Jacques Bourdin paroissent être restés quelque temps indivis entre ses deux fils Nicolas et Jean et même sa veuve. L'aîné de ses fils (Nicolas), secrétaire du roi, avoit épousé Marie Fayet, fille d'un trésorier de l'extraordinaire des guerres. Il semble qu'il dissipa sa fortune, car ses biens furent décrétés, et une partie fut achetée avant 1606 par sa femme alors séparée de lui.

Jean Bourdin, second fils de Jacques, ne s'étoit pas marié.

(1) *Mémoires de Castelnau.*

Le 13 mars 1597 (1) il fit hommage pour lui de la moitié et pour Marie Fayet sa belle-sœur du quart des terres et seigneuries de Medan et Mignoz, mouvans de Poissy (il est probable que l'autre quart étoit resté à Nicolas Bourdin), le tout provenant de la succession de son père, et de l'acquisition que lui et Marie Fayet en avoient faite de dame Marie Bochetel *leur mère*. Le 31 juillet de la même année il fit hommage, en son nom, au roi, de la moitié de Villaines, de la haute justice moyenne et basse de Villaines, Marolles, Beaulieu, Meigneaulx et *Medan*, et au nom de sa belle-sœur, pour un quart des mêmes choses. Le 16 février 1599, Marie Fayet fit de nouveau hommage pour le quart de Villaines à elle, adjugé par décret du Châtelet, et la moitié des onze vingtièmes des terre et seigneurie de Medan avec les justices de Villaines, Medan et Mignotz (2).

Ultérieurement un partage paroît avoir eu lieu. Marie Fayet et son fils nommé Nicolas comme son père, paroissent avoir possédé Villaines, Migneaulx, Villiers et Fauveau (3), tandis que Médan étoit resté à Jean Bourdin.

Ce dernier, mourant sans enfants, laissa tous ses biens à Guy de Morogues, son neveu utérin, fils d'Alexandre de Morogues, sieur du Sauvage et petit-fils de Marie Bochetel sa mère, à la charge de prendre son nom et ses armes (4).

On peut d'autant plus s'étonner, que Jean Bourdin ait préféré Guy de Morogues aux enfants de son frère, que ce Guy étoit loin d'être un homme distingué. Tallemant des Réaux en a parlé sans le nommer, mais en le désignant suffisamment

---

(1) Arch. P. IV, 1244.
(2) Arch. P. XVII, 6543 et 6545.
(3) Aveux du 20 décembre 1606, rendus par Marie Fayet. Archives. P. LXXXV, cotes 109, 109 *bis* et 110. Il est parlé dans le dernier de ces aveux *des vestiges de l'hôtel seigneurial de Migneaulx, autrement appelé Beaurepaire*, et dans le n° 109 d'un droit singulier des seigneurs de Villaines sur la navigation de la Seine.
(4) Castelnau III, 198.

dans son article sur *Arnauld le Péteux*, dont Guy de Morogues avoit épousé en 1636 la nièce Marie L'Hoste « *Le premier gendre* (1) (écrivoit-il vers 1665 à propos de Marie Arnauld, femme d'Hilaire L'Hoste, secrétaire du roi, seigneur de Montfermeil), *est bien meilleur homme, car quoiqu'il n'ait touché guère d'avantage* (de dot de son beau-père), *il ne demande rien. Il est fort riche, mais un peu fou et quelquefois jusques à être lié. Il dit d'une maison qu'il a sur un coteau au bord de la Seine* (*Medan vers Saint-Germain*) : *Chose étrange! plus on monte à ma maison, plus on a belle vue!* (2)

Guy de Morogues-Bourdin eut de son mariage avec Marie L'Hoste quatre filles dont la dernière nommée Louise, épousa en 1683 Pierre de Narbonne-Caylus, baron de Faugères (3). Il eut encore un fils, Jean-Alexandre de Morogues, vicomte d'Elcourt, seigneur de Medan (4), de Beaulieu et du Sauvage, qui fut lui-même père d'une fille unique nommée Anne, mariée à François de Morogues, seigneur de Guichy, son cousin-germain. Lachesnaye-des-Bois (5) les fait vivre en 1679, date qui pourroit bien être fautive, car Anne de Morogues auroit été dans ce cas mariée au moins quatre ans avant sa tante. Ils ne paroissent pas avoir laissé d'enfans. En tout cas, Jean-Alexandre de Morogues est le dernier de cette famille qu'on trouve qualifié seigneur de Medan.

Cette terre passa vers cette époque dans la famille Gilbert des Voisins. Pierre-Paul Gilbert des Voisins, président au parlement en 1746, mort à Soissons le 15 mai 1754, à l'âge de trente-neuf ans, étoit seigneur de Medan. Il avoit épousé en 1739 Marie

---

(1) Le second Jean d'Houdetot (et non Héquetot comme le dit Tallemant) seigneur d'Aluinbusc et de Grosmesnil, mort en déc. 1653, avoit épousé Jacqueline L'Hoste en 1648. Père Ans. VIII, 22.

(2) T. IV, in-12, p. 64.

(3) Père Ans. VII, 770.

(4) Castelnau, III, 193.

(5) T. X, p. 508.

Marthe de Cotte, fille de Jules Robert de Cotte, directeur de la monnoie des médailles.

Son fils Pierre-Gilbert des Voisins, marquis de Villaines, de Grosbois, Saint-Priest et Saint-Étienne, avocat du roi au Châtelet en 1767, fut seigneur de Medan après lui. Je crois que c'est lui qui devint dans la suite président au parlement, et qui périt victime de la terreur pour avoir prêté une somme considérable aux princes émigrés. Singulier crime, mais bien suffisant pour conduire à la mort dans cet exécrable temps.

Medan fut alors confisqué ; les dépendances en furent distraites ; le château de Medan, isolé de son ancien domaine, mais qui restera toujours une des habitations les mieux situées et les plus agréables des environs de Paris, fut acheté par M. Barbereux après avoir passé par diverses mains.

Madame Buquet sa fille le possède aujourd'hui. Aucun possesseur du château de Medan n'a sans doute pu s'attirer à un plus haut degré qu'elle, l'estime et l'affection de tout le pays.

J. P. *(Baron Jérôme Pichon.)*

Saint-Germain-en-Laye, 15 janvier 1849.

www.ingramcontent.com/pod-product-compliance
Lightning Source LLC
Chambersburg PA
CBHW061529040426
42450CB00008B/1859